W0203833

Chérif Ghemmour

MESSI L'EXTRATERRESTRE

Messi, footballeur des étoiles.

Dîtes « Lionel » et tout le monde comprend. L'extra-terrestre du Barça s'est fait un nom et un prénom au milieu des géants du foot. Lionel Messi a mûri, la puce atomique est devenue puce électronique : plus tactique, plus stratège, plus collectif. Mais tout en marquant encore des buts à la pelle !

Suivez bien Lionel avec l'Argentine lors de la Coupe du monde en Russie...

déplilivre

FCB
10

UNE VIE DE MESSI

IL ÉTAIT UNE FOIS UN TOUT PETIT
GAMIN NÉ À ROSARIO, EN ARGENTINE,
QUI A SUIVI LES PAS DE DEUX GÉANTS
ARGENTINS DU FOOT MONDIAL, DI
STEFANO ET MARADONA.
ET PUIS, PETIT LEO, DEVENU GRAND,
A ÉGALÉ SES DEUX AÎNÉS EN TRÔNANT
AU SOMMET DE LA PLANÈTE FOOT
PENDANT DES ANNÉES
ET DES ANNÉES...

LEO EST ACCROUPI, DEUXIÈME EN PARTANT DE LA DROITE.

1994

À 7 ans, Lionel Messi signe une licence au Newell's Old Boys, grand club de Rosario. Sous ses couleurs, il va remporter 4 championnats en 6 ans, en marquant quasiment 500 buts !

31 janvier 1997

Le docteur Diego Schwartzstein diagnostique chez Leo un déficit partiel d'hormones de croissance. Pour grandir, il devra suivre un traitement hormonal coûteux pendant trente mois.

LE BARCA DANS LE SANG

AVANT MESSI, LE FC BARCELONE
ÉTAIT UN « GRAND CLUB ».
AVEC LEO, LE BARÇA EST DEVENU
UN « SUPER MÉGA CLUB »,
UNE ÉCOLE DE JEU RÉVOLUTIONNAIRE
ET UNE RÉFÉRENCE MONDIALE
BARDÉE DE TITRES.
UN CLUB MESSI-ANIQUE !

Tot el camp
És un clam
Som la gent blaugrana
Tant se val d'on venim
Si del Sud o del Nord
Ara estem d'acord
Estem d'acord
Una bandera ens agermana
Blaugrana al vent
Un crit valent
Tenim un nom
El sap tothom
Barça, Barça, Baaaarça !!!!
MasterCard

Joueurs
Supporters
Tous unis nous sommes forts
Beaucoup d'années d'efforts
Beaucoup de buts acclamés
Et on a montré
On a montré
Que jamais personne ne pourra nous faire plier
Blaugrana au vent
Un cri courageux
Nous avons un nom
Que tout le monde connaît
Barça, Barça, Baaaarça !!!!

Chant du Barça

27 MAI 2017

Le Barça s'impose devant le Deportivo Alavés (3-1) en finale de la Coupe du roi. Messi, Suárez et Neymar posent fièrement devant le trophée avec leurs enfants. Ce titre est le trentième remporté par Leo avec Barcelone, un record dans l'histoire du club ! Un record partagé avec Iniesta.

22 DÉCEMBRE 2017

Dans le stade Santiago Bernabéu, à Madrid, le Barça donne une leçon d'efficacité au Real (3-0). Messi fait encore une fois la différence : il marque sur penalty et offre une passe décisive à son équipier Aleix Vidal. Avec 25 buts, Leo est le meilleur buteur actuel de l'histoire des Clásicos !

8 MARS 2017

Écrasé (0-4) au match aller en huitièmes de finale de la Ligue des champions, Barcelone doit réaliser un exploit sans précédent au retour contre le PSG. À la 50e minute, Messi marque sur penalty : 3-0 pour le Barça ! Les Blaugranas finiront par s'imposer 6-1, pour une historique *remontada*.

23 AVRIL 2017

Le FC Barcelone gagne le Clásico contre le Real Madrid (3-2). Déjà buteur en première période, Messi marque son deuxième but dans les arrêts de jeu de la seconde mi-temps et offre la victoire aux siens. C'est aussi son 500e but sous les couleurs du Barça. De quoi exhiber le maillot rouge et bleu dans le stade du grand rival !

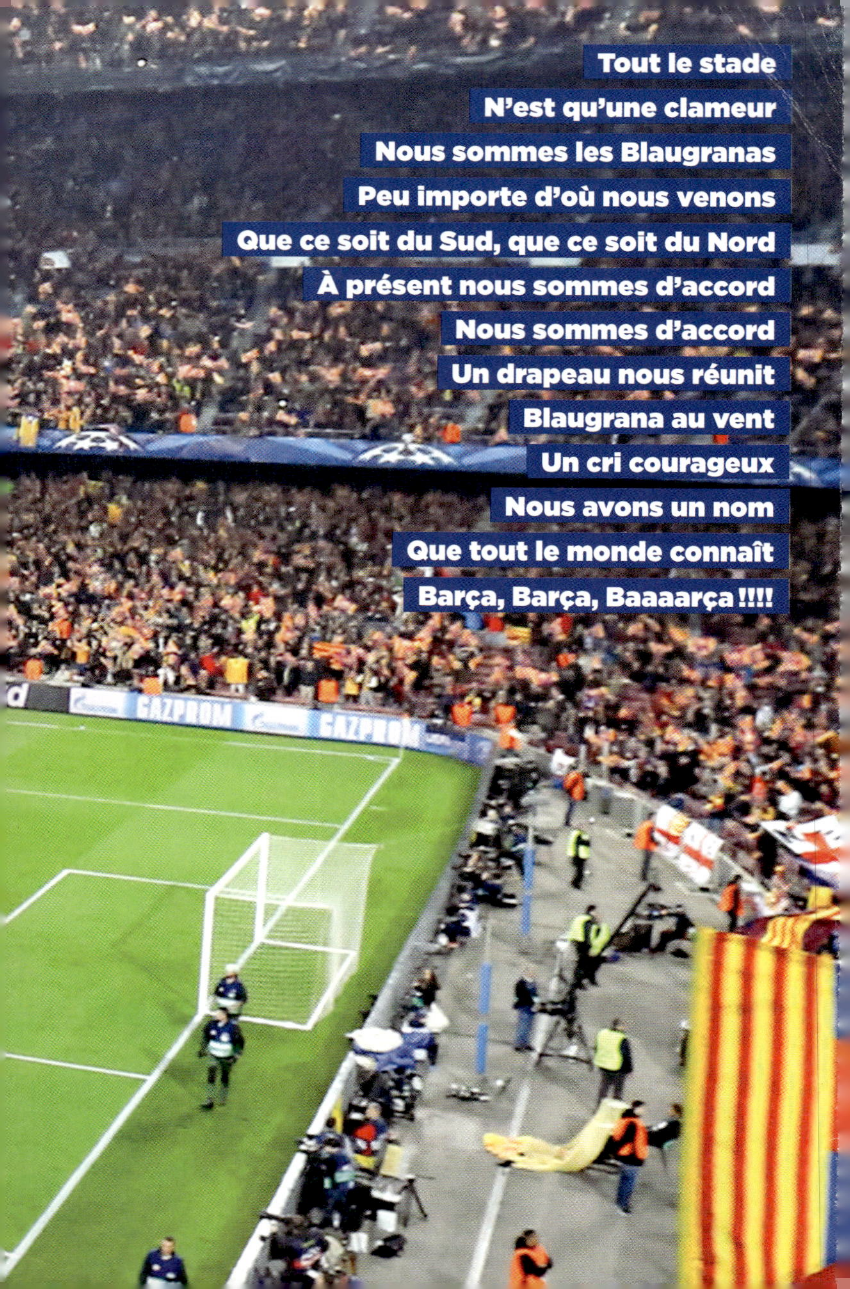

Tout le stade
N'est qu'une clameur
Nous sommes les Blaugranas
Peu importe d'où nous venons
Que ce soit du Sud, que ce soit du Nord
À présent nous sommes d'accord
Nous sommes d'accord
Un drapeau nous réunit
Blaugrana au vent
Un cri courageux
Nous avons un nom
Que tout le monde connaît
Barça, Barça, Baaaarça !!!!

Jugadors
Seguidors
Tots units fem força
Són molts anys plens d'afanys
Són molts gols que hem cridat
I s'ha demostrat
S'ha demostrat
Que mai ningú no ens podrà tòrça
Blaugrana al vent
Un crit valent
Tenim un nom
El sap tothom
Barça, Barça, Baaaarça !!!!

Cant del Barça

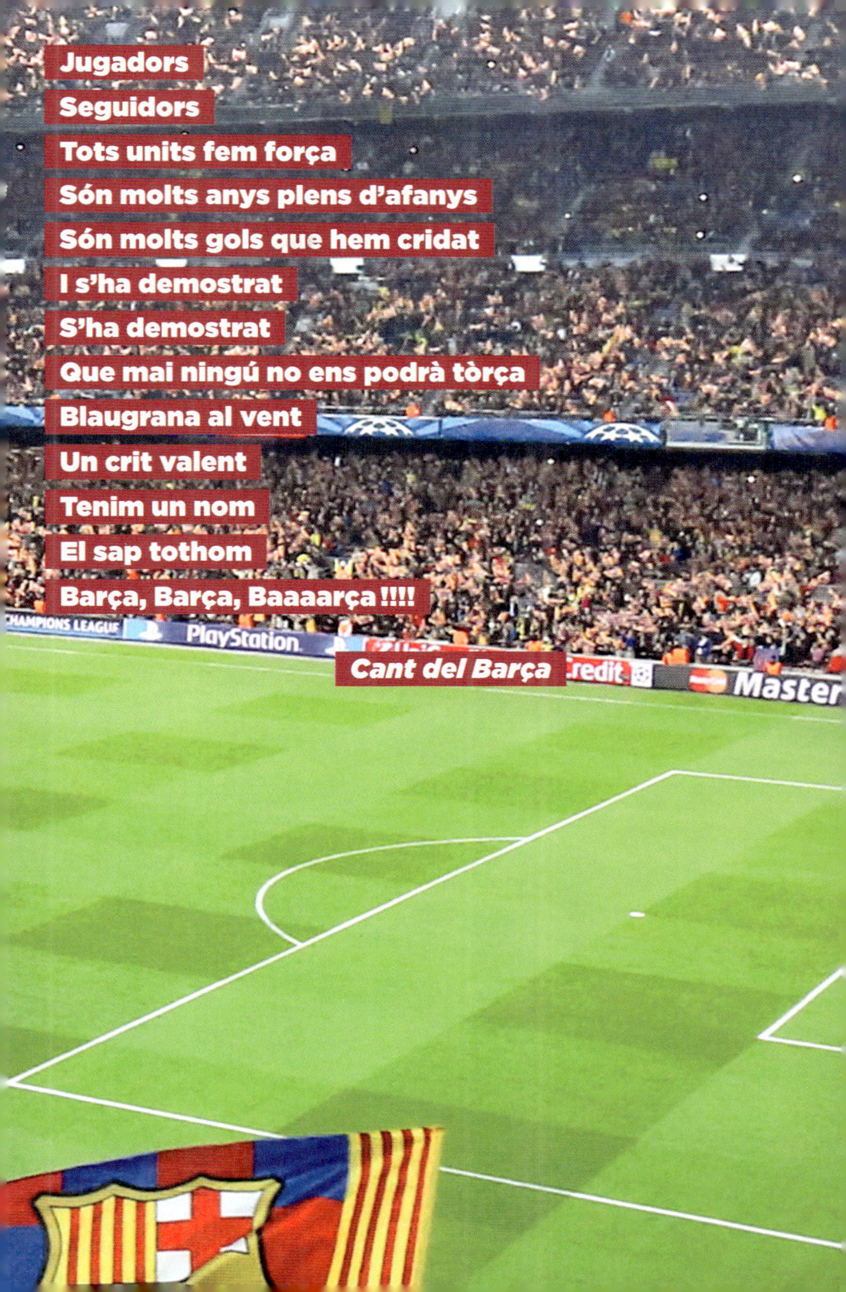

10 JANVIER 2011

À 23 ans, Messi obtient le Ballon d'or 2010 et devient le plus jeune joueur à remporter une deuxième fois ce trophée. Surtout, cette année-là, le podium est monopolisé par trois joueurs du Barça : Iniesta (en bas à gauche) termine deuxième, et Xavi (en bas à droite) se classe troisième !

22 DÉCEMBRE 2012

Le Barça, qui joue son dernier match de l'année à Valladolid, s'impose 3-1. Auteur du premier but de son équipe, Leo entre dans le *Livre Guinness des records* en devenant le meilleur réalisateur de l'histoire sur une année civile : 91 buts toutes compétitions confondues !

PlayStation

« QUI EST LE MEILLEUR
JOUEUR DU MONDE ?
LEO MESSI.
QUI EST LE MEILLEUR
JOUEUR DE TOUS
LES TEMPS ?
LEO MESSI. »

Arsène Wenger.

MESSI
LE PLUS GRAND

PELÉ, MÜLLER, PLATINI, MARADONA, CRUYFF, RONALDO, ZIDANE, IBRAHIMOVIĆ... TOUTES LES SUPERSTARS DU FOOT ONT RÉALISÉ DES GESTES DE GÉNIE ET DES ACTIONS EXCEPTIONNELLES.

LEO A SU REPRODUIRE À SA FAÇON CHACUN DES EXPLOITS DES PLUS GRANDES GLOIRES DU PASSÉ ET DU PRÉSENT !

PLATINI
1981

MICHEL PLATINI, ROI DES COUPS FRANCS

Le numéro 10 Français était un as absolu de la discipline, parmi les meilleurs de l'histoire du foot. Sur ses 41 buts avec les Bleus, 11 furent marqués sur coup franc, direct ou indirect! Lionel Messi est lui aussi devenu un tireur d'élite, redouté pour sa patte gauche.

MESSI
2016

MARADONA
1982

DIEGO MARADONA FAIT EXPLOSER LE BLOC ADVERSE

Un dribble, un changement de direction, une soudaine accélération: Maradona pouvait déstabiliser toute une équipe d'une inspiration imprévisible. Plus de trente ans après, Lionel fait les mêmes misères aux défenses adverses!

MESSI
2015

MESSI
2017

ZIDANE
2006

ZINÉDINE ZIDANE, CRACK DE LA PASSE DÉCISIVE

Le génial Zinédine savait tout faire et, en tant que meneur de jeu hors pair, il excellait dans les passes décisives. Lionel Messi est un buteur extraordinaire, mais on oublie souvent qu'il a offert à ses équipiers un nombre incalculcable de buts servis sur un plateau.

ZLATAN 2016

ZLATAN IBRAHIMOVIĆ, LE LOB QUI TUE !

Buteur surpuissant, « Ibracadabra » est également capable de finesse. Et le lob subtil fait partie de sa panoplie, souvenez-vous de celui contre Everton, en décembre 2016, avec Manchester United (1-1). Leo est tout aussi démoniaque dans cet exercice, qui nécessite du sang-froid, de la précision et un excellent coup d'œil. Comme face à Osasuna, en avril 2017.

MESSI 2017

RONALDO, BUTEUR APRÈS DES RAIDS RAVAGEURS

Ronaldo Lima, l'immense attaquant brésilien, est resté célèbre pour ses buts en solo, partant de loin, tout en vitesse et en dribbles, pour marquer en puissance ou en finesse... De même, Messi s'est distingué avec ses longs slaloms, comme le 30 mai 2015, où il marque un but extraordinaire en finale de Coupe d'Espagne contre l'Athletic Bilbao (3-1)!

RONALDO

1996

MESSI

2015

CRUYFF
1982

MESSI
2016

JOHAN CRUYFF ET LE PENALTY À DEUX

Le 5 décembre 1982, le grand Johan a l'idée géniale de tirer un penalty à deux avec son compère de l'Ajax, Jesper Olsen. Contre Helmond Sport (5-0), Johan passe le ballon à son équipier, qui le lui remet, et Cruyff marque dans le but vide, le gardien ayant été complètement dérouté… Cette façon de tirer est parfaitement autorisée !
Le 14 février 2016, sur un penalty pour le Barça contre le Celta Vigo, Messi fait pareil : il fait mine de tirer mais passe le ballon à Suárez, lancé sur sa droite. L'Uruguayen marque et le Barça gagne 6-1 ! Cruyff a beaucoup apprécié !

MÜLLER
1972

GERD MÜLLER, RENARD DES SURFACES

Entre 1962 et 1981, l'Allemand Müller a inscrit 735 buts en 793 matchs, un ratio qui fait de lui le buteur le plus prolifique de l'histoire. Il ne ratait quasiment jamais la cible… Messi possède lui aussi cette qualité rare de savoir jaillir et planter des buts de près. En 2012, quand Lionel a battu le record de buts marqués en une année (91), qui appartenait à Müller (85 buts en 1972), il a envoyé au vieux Gerd un maillot dédicacé avec ces mots : « Avec respect et admiration »

MESSI
2016

PELÉ
1970

PELÉ ET LES BUTS DE LA TÊTE

Le roi Pelé mesure seulement 1,73 m, mais, grâce à sa détente phénoménale, le Brésilien marque de la tête en finale de la Coupe du monde 1970 contre l'Italie (4-1). De petite taille également, Messi inscrit un but semblable en finale de la Ligue des champions 2009 avec le Barça, contre Manchester United (2-0). Le timing est parfait : Lionel (1,69 m) trompe l'immense gardien Edwin van der Sar (1,97 m) !

MESSI
2009

POUR VOIR CE BUT

« C'EST LE PLUS BEAU BUT QUE J'AIE JAMAIS VU DANS MA VIE. »
Deco, ancienne star du Barça.

POUR VOIR CE BUT

3 RODRIGO MESSI
4 GERARD PIQUÉ
4
1
5
1 PINTO
2 DANIEL ALVES

RONALDO
7
MESSI
10
unicef
adidas
adidas
BARÇA
BARÇA

MESSI FOOTBALL CLUB

**LA FAMILLE, DES ÉQUIPIERS AMIS
ET DES ADMIRATEURS PRESTIGIEUX :
ILS FORMENT ENSEMBLE
LA « DREAM TEAM » DE LEO.
ET ELLE EN JETTE, CETTE ÉQUIPE :
VOICI LE MESSI FOOTBALL CLUB !**

3
6 CESC FÀBREGAS
6
5 JORGE MESSI
2
8 PAPE FRANÇOIS

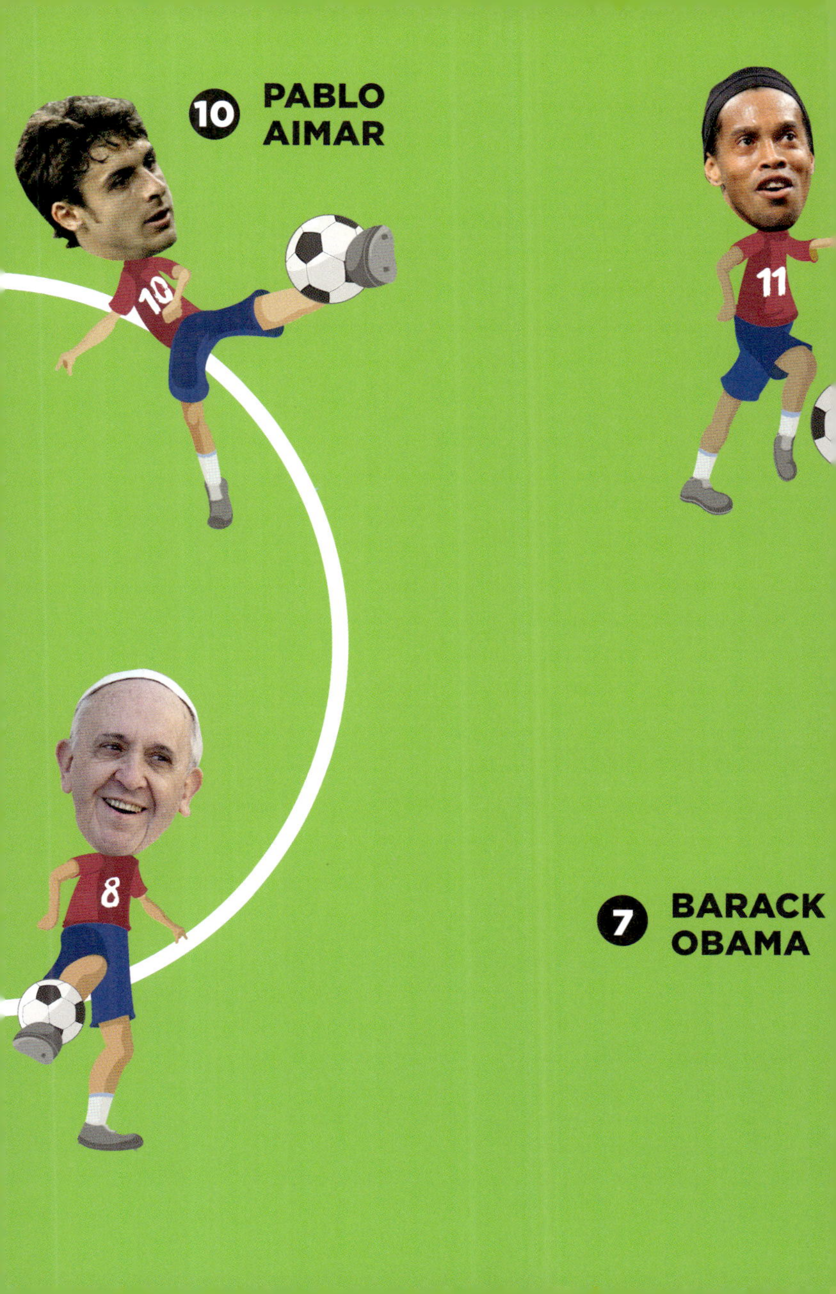
10 PABLO AIMAR
10
11
8
7 BARACK OBAMA

N° 1

PINTO

José Manuel « Pinto » Colorado était le gardien de but espagnol du Barça de 2008 à 2014. Messi l'adorait, même s'il n'était que le remplaçant de Valdés. On raconte que Pinto est resté longtemps sous contrat au Barça juste parce qu'il était l'ami de Messi. Les deux hommes sont toujours très copains.

N° 2

DANIEL ALVES

« Dani » a joué au Barça jusqu'en 2016. Lionel l'a toujours beaucoup estimé : « On s'entendait très bien et j'étais très proche de lui parce qu'on jouait tous les deux sur le côté droit du terrain quand il est arrivé à Barcelone. On est devenus de super potes dans la vie et ça nous a rendus encore meilleurs en match. »

N° 3

RODRIGO MESSI

Rodrigo et Matias sont les deux frères aînés de Lionel. Ils lui ont transmis très tôt le virus du football, en jouant avec lui quand il avait 4 ans ! À Barcelone, Rodrigo a veillé sur Leo, qui avait le mal du pays. Il est resté très proche de Lionel en devenant son bras droit et en s'occupant notamment de la Fondation Messi.

N° 4

GERARD PIQUÉ

Le défenseur du Barça est un ami de Lionel depuis qu'ils ont commencé ensemble à la Masia, à l'âge de 13 ans. Pour rigoler, Leo l'appelle encore « Papa », parce que Gerard le protège depuis son plus jeune âge...

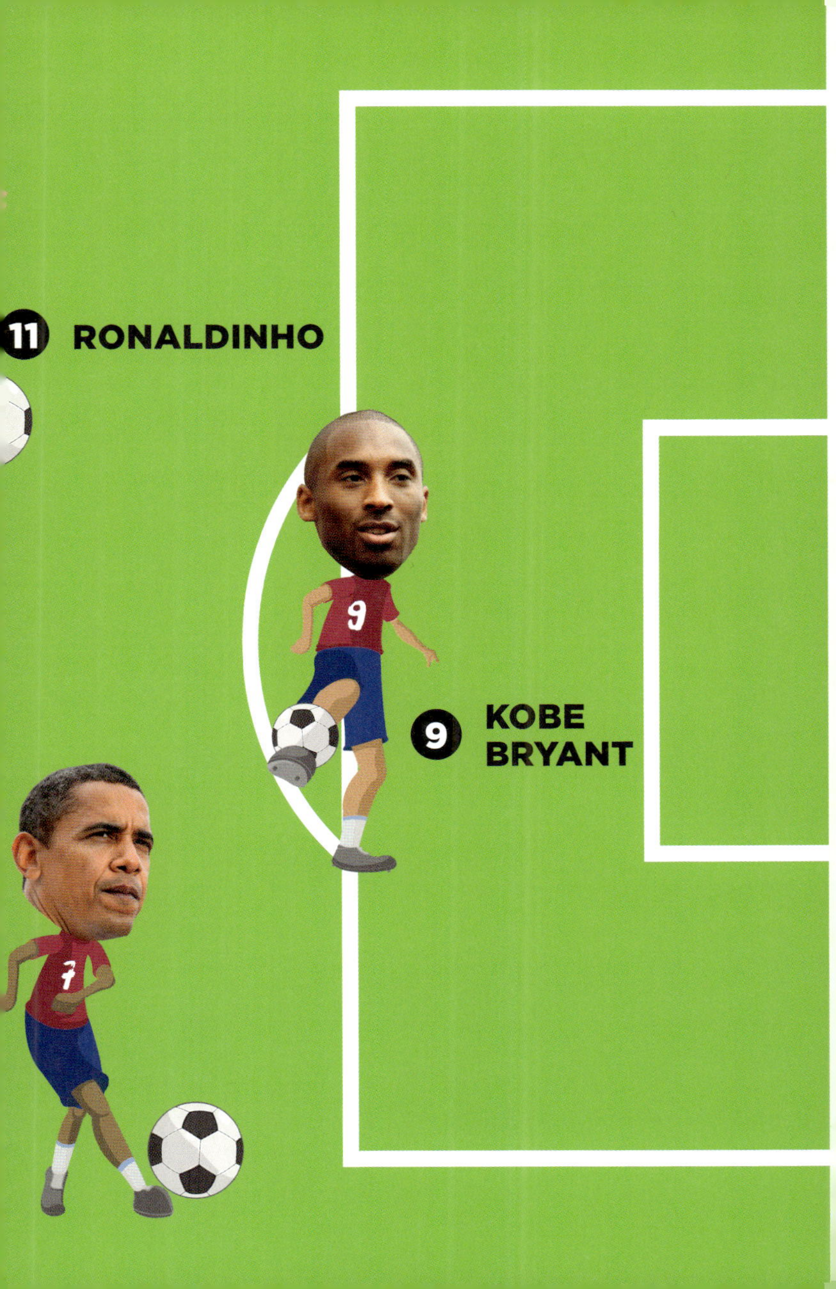
11 RONALDINHO
9 KOBE BRYANT

N° 5

JORGE MESSI

C'est le père de Lionel, et il a été un peu son premier entraîneur au club de Grandoli, à Rosario. Il est devenu l'agent de son fils à la tête de la Leo Messi Management. Jorge gère les contrats et l'image de Lionel.

N° 6

CESC FÀBREGAS

Comme Piqué, Fàbregas est devenu un ami proche de Messi lors de leurs jeunes années à la Masia, le centre de formation du Barça. Cesc et Lionel ont joué trois saisons ensemble au Barça, avant que l'attaquant catalan parte à Chelsea, en 2014. Ils allaient même parfois en vacances ensemble, car leurs deux épouses sont très amies aussi !

N° 7

BARACK OBAMA

L'ancien président des États-Unis est un grand admirateur de Messi. En visite en Argentine en 2016, il n'a pas pu rencontrer Lionel, parti avec la sélection au Chili. Leo lui a alors envoyé deux maillots de l'équipe d'Argentine, floqués aux prénoms des deux filles de Barack Obama, Malia et Sasha, également grandes fans de Messi !

N° 8

PAPE FRANÇOIS

Argentin lui aussi, le souverain pontife est fan de foot et supporter de San Lorenzo. En 2013, Lionel avait rencontré le pape avec l'équipe d'Argentine. Et, en août 2016, quand on demandé à François qui était le meilleur joueur de tous les temps, Pelé ou Maradona, il a répondu : « Pour moi, c'est Messi. »

STADE

ESTADIO MARCELO BIELSA, À ROSARIO

Surnommé « El Coloso del Parque », c'est aussi le stade du Newell's Old boys, le club de cœur de Messi.

ENTRAÎNEUR

FRANK RIJKAARD

C'est ce coach néerlandais qui a lancé Lionel au Barça alors qu'il n'avait que 17 ans : « Tous mes entraîneurs m'ont beaucoup apporté mais le plus important dans ma carrière fut Rijkaard. S'il ne m'avait pas permis de m'entraîner avec l'équipe A, peut-être que je ne serais jamais parvenu à y jouer. Il m'a fait confiance en me faisant jouer avec l'équipe première. »

MAILLOT ET COULEURS

Comme Lionel n'a connu que deux équipes, le Barça et l'Argentine, ce serait forcément un maillot rayé bicolore. Il serait grenat (pour le Barça) et rouge (pour les Newell's Old Boys). Les bas, bleu ciel et blanc, seraient un hommage à l'Albiceleste…

STYLE DE JEU

Offensif ! En 4-3-3, à la barcelonaise.

N° 9

KOBE BRYANT

L'ancienne star du basket et des Los Angeles Lakers a toujours été un grand fan de Lionel. L'Argentin et l'Américain ont participé avec humour à une pub pour une compagnie aérienne. Kobe a rendu un bel hommage à Lionel : « En sélection des USA, je porte un maillot avec le numéro 10 en honneur du plus grand sportif que j'aie jamais vu : Messi. »

N° 10

PABLO AIMAR

Ce grand numéro 10 argentin de 1,70 m demeure la seule idole connue de Lionel, qui disait : « Mon idole, c'était et c'est toujours Pablo Aimar. J'adore sa manière de jouer tout en finesse, tout en technique, sans jamais en faire trop. Je m'inspire beaucoup de lui quand je joue. »

N° 11

RONALDINHO

Au Barça, le meneur brésilien avait pris Lionel sous son aile, et il l'appelait « petit frère ». C'est Ronaldinho, sur une passe décisive, qui a permis à Messi de marquer son premier but en pro, le 1er mai 2005, contre Albacete. Et, quand Ronnie a quitté le Barça, en 2008, il a transmis son numéro 10 à Lionel…

REMPLAÇANT

SERGIO AGÜERO

« Lionel est le meilleur joueur du monde. Il s'est toujours consacré à devenir le meilleur. Toujours ! » Signé Sergio « Kun » Agüero. L'attaquant argentin de Manchester City est pote avec Messi depuis l'âge de 17 ans. Toujours inséparables en sélection, Kun et Leo font chambre commune à chaque rassemblement !

MESSI
DE A à Z

PRONONCEZ CES CINQ
LETTRES : M, E, S, S, I… TOUT EST
DIT, NON ? PAS TOUT À FAIT !
L'ABÉCÉDAIRE DE LIONEL RÉVÈLE
DES TRANCHES DE VIE
INCROYABLES QUI RACONTENT
SA LÉGENDE…

JO

En 2013, Lionel a apporté son soutien à la candidature de la ville de Madrid pour accueillir les Jeux olympiques d'été de 2020 ! Un beau geste de fair-play de la part du Barcelonais...

KILOMÈTRES

Lionel est parmi ceux qui courent le moins dans les matchs. Paresseux, Lionel ? Pas du tout, selon Lorenzo Buenaventura, ancien préparateur physique du Barça : « Quand il marche, Lionel s'arrête et se dit : "Il va se passer ça et ça." Les autres n'ont encore rien vu, ils ont trente secondes de retard sur Leo. »

LÉVOTHYROXINE

C'est une hormone de croissance que le petit Lionel a dû prendre pour grandir. Atteint d'une maladie de la croissance à 9 ans, on l'appelait *« El Enano »* (« le nain ») en raison de sa toute petite taille.

2 juillet 2005

Avec l'Argentine, Lionel remporte la Coupe du monde des moins de 20 ans en marquant les 2 buts de son équipe en finale, face au Nigeria (2-1). Meilleur buteur, avec 6 buts en 7 matchs, il est aussi désigné meilleur joueur de la compétition.

17 août 2005

Première sélection, à 18 ans, avec l'équipe A d'Argentine, contre la Hongrie. Entré en jeu à la 63e minute, il est expulsé par l'arbitre après seulement 47 secondes, pour un geste d'humeur à l'encontre de Vilmos Vanczák, qui lui tirait le maillot avec insistance.

23 août 2008

En finale des Jeux olympiques de Pékin, l'Argentine bat le Nigeria (1-0). Messi gagne la médaille d'or et est élu meilleur joueur du tournoi !

PÉKIN 2008 : LEO ET KUN AGÜERO AVEC LA MÉDAILLE D'OR OLYMPIQUE !

OUI, C'EST BIEN LUI, LIONEL MESSI !

« APRÈS UN CONTRÔLE, LIONEL EST PARTI EN DRIBBLANT UN JOUEUR, PUIS DEUX, TROIS... MOI, J'AVAIS PEUR QUE LES AUTRES LUI FASSENT MAL. ALORS, JE CRIAIS : "TIRE, TIRE, TIRE ! MAIS LUI, IL CONTINUAIT SANS S'ARRÊTER. JE N'AVAIS JAMAIS VU ÇA. JE ME SUIS DIT : CELUI-LÀ, JE NE LE SORS PLUS DE L'ÉQUIPE.
ET JE NE L'AI PLUS JAMAIS SORTI. »

SALVADOR APARICIO, LE PREMIER VÉRITABLE ENTRAÎNEUR DE LIONEL MESSI, AU CLUB DE GRANDOLI.

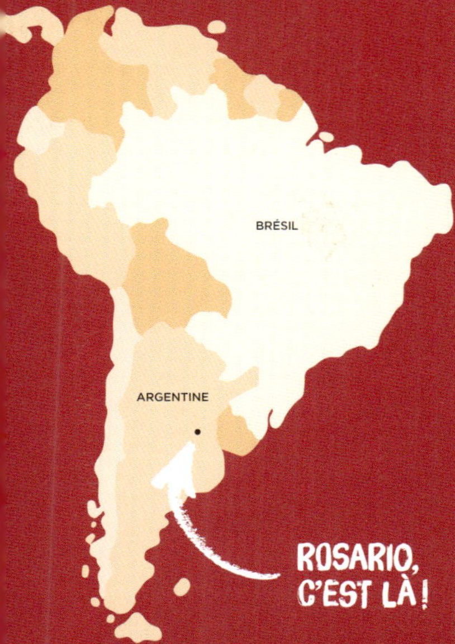

24 juin 1987

Naissance de Lionel Andrés Messi Cuccitini à Rosario, au nord-est de l'Argentine.

1991

Le petit Leo commence déjà à faire parler de lui balle au pied. Cette année-là, il joue avec les poussins au club de Grandoli, à Rosario. Tous les copains de jeu de Messi ont 5 ans, lui n'en n'a que 4 !

ANTONELLA

Antonella Roccuzzo est la jolie épouse du champion. Native elle aussi de Rosario, elle est la cousine d'un ami d'enfance de Lionel, Lucas Scaglia, footballeur pro. Lionel et Antonella ont deux garçons, Thiago et Mateo.

BLAUGRANA

Bleu et grenat ! Ce sont les deux couleurs du maillot du FC Barcelone. C'est l'unique club de Lionel, qui y joue depuis qu'il a 13 ans.

CELIA

C'était la grand-mère adorée du petit Lionel. Elle l'emmenait au foot et l'encourageait. Celia est morte quand il avait 10 ans. Quand Leo marque un but, il regarde toujours vers le ciel et lève les deux index : « C'est ainsi que je lui dédie mes buts, parce que j'aime me dire qu'elle me voit de là où elle est. »

Mars 2001

À 13 ans, Lionel Messi intègre la Masia, le centre de formation du FC Barcelone, huit mois après avoir quitté l'Argentine.

16 octobre 2004

Leo participe à son premier match de Liga (le Championnat d'Espagne), contre l'Espanyol Barcelone. Remplaçant au coup d'envoi, il entre à la 82e minute.

ICI À LA LUTTE AVEC CARLOS KAMENI, LE GARDIEN DE L'ESPANYOL BARCELONE, LEO JOUE SON PREMIER MATCH DE LIGA. IL A 17 ANS.

22 décembre 2012

Au cours du dernier match de l'année, face à Valladolid, Lionel Messi porte le record de buts marqués au cours d'une année civile à 91, toutes compétitions confondues, avec Barcelone et l'Argentine ! C'est 6 buts de plus que l'ancien record… qui datait de 1972 !

19 mai 2014

Malgré une saison sans trophée, Messi signe une prolongation de contrat jusqu'en 2019. Il devient le footballeur le mieux payé au monde, avec un salaire de 20 millions d'euros par an.

13 juillet 2014

Au stade Maracanã de Rio de Janeiro, au Brésil, l'Argentine perd la finale de la Coupe du monde face à l'Allemagne, à la 113e minute (0-1 a.p.). Auteur d'un très bon tournoi, le capitaine Messi, inconsolable, est toutefois nommé meilleur joueur de la compétition.

6 juin 2015

Le Barça remporte sa quatrième Ligue des champions en dix ans, face à la Juventus Turin (3-1). Messi finit meilleur buteur du tournoi (10 buts), à égalité avec Cristiano Ronaldo et Neymar.

11 janvier 2016

Leo gagne le Ballon d'or pour la cinquième fois de sa carrière (2009, 2010, 2011, 2012, 2015). Un record partagé avec Cristiano Ronaldo depuis 2017.

23 avril 2017

Lors du Clásico contre le Real, Messi marque le but de la victoire des Blaugranas (3-2). C'est le 500e but de Leo avec le FC Barcelone, toutes compétitions confondues !

18 décembre 2017

Face au Real, lors du succès du Barça (3-0), Messi inscrit son 54e but de l'année. Mais, dans la course au titre de meilleur buteur de 2017, il est battu sur le fil par l'Anglais de Tottenham Harry Kane (56 buts toutes compétitions confondues).

TITI ET LEO AVEC LA COUPE AUX GRANDES OREILLES, EN 2009.

27 mai 2009

Pour sa première finale de Ligue des champions, Messi inscrit, de la tête, le second but de la victoire (2-0) du Barça contre Manchester United ! Deux ans plus tard, MU sera encore battu en finale (3-1) par Leo et les siens.

1er décembre 2009

Messi gagne son premier Ballon d'or avec une avance record de 240 points sur le deuxième, Cristiano Ronaldo. Leo est le premier Argentin à remporter ce trophée.

19 décembre 2009

Messi marque un but décisif en finale de la Coupe du monde des clubs, contre Estudiantes de La Plata (succès du Barça 2-1 a.p.). Avec 6 titres en 2009, Leo et les Blaugranas réalisent un sextuplé inédit dans l'histoire du football !

ATTRAPE-MOI SI TU PEUX

MERCREDI 18 AVRIL 2007…
DEMI-FINALE ALLER DE LA COUPE
D'ESPAGNE, FC BARCELONE CONTRE
GETAFE CF, AU CAMP NOU…
VINGT-HUITIÈME MINUTE DE JEU…
LE BARÇA MÈNE 1-0…
MESSI JOUE AVEC LE NUMÉRO 19…
IL ENTAME SOUDAIN UN RAID
SOLITAIRE INOUÏ…

3

4

4

AVEC PÉREZ À SES TROUSSES, MESSI SE RAPPROCHE DE L'AXE DE LA SURFACE face aux deux défenseurs axiaux Alexis et Belenguer. Lionel déboule à pleine vitesse. « Messi est le seul footballeur à courir plus vite avec le ballon que sans », disait son ancien coach, Guardiola. Zidane loue lui aussi le jeu direct de Messi : « Il va toujours de l'avant. Il ne joue pas vers l'arrière ou latéralement. Il n'a qu'une idée en tête : filer droit au but. »

5

À L'APPROCHE DE LA SURFACE, MESSI FIXE ALEXIS ET BELENGUER. Pérez, lui, tacle Leo, mais ce dernier couvre bien le ballon et résiste au choc. Grâce à son coup d'œil exceptionnel, il sait où il veut aller et comment y parvenir : « Messi possède ce talent de décider ce qu'il faut faire au moment où il faut le faire », déclare Javier Mascherano.

6

MESSI SE FAUFILE ENTRE ALEXIS ET BELENGUER, qu'il met dans le vent avec son pied gauche. Facile, pour Lionel : son centre de gravité, plus bas que celui de la plupart des autres joueurs, lui permet d'être plus agile et de changer de direction plus rapidement.

7

8

MSN

M, comme Messi ! S, comme Suárez ! N, comme Neymar ! C'était le trio offensif du Barça, baptisé ainsi en référence à un ancien réseau social. La grande rivale de la MSN était la BBC du Real Madrid (Bale-Benzema-Cristiano Ronaldo).

NORMAL

Lionel est une superstar qui mène une vie quotidienne tout à fait… normale ! Il reste souvent en famille, à la maison, avec Antonella et leurs deux fils. « Il est heureux quand il dort. Mais dès que tu lui demandes de sortir, ça l'ennuie. Même une balade, ça le fatigue », raconte sa demi-sœur…

ORANGE

À 13 ans, en Argentine, le talent de Messi éclate au grand jour. Pour attirer les grands clubs européens, son agent Fabián Soldini a une idée : filmer Lionel en train de jongler cent treize fois avec une orange. Bingo ! En visionnant la vidéo, les dirigeants du Barça feront venir Leo à Barcelone…

VRP

Avec 28 millions de dollars annuels de revenus publicitaires, Lionel est l'un des sportifs les mieux payés au monde. Ses sponsors sont très nombreux : Adidas, Pepsi, Lay's, *PES 2017*, Dolce & Gabbana, Audemars Piguet, Gillette, Gatorade, Turkish Airlines, Ooredoo, Tata Motors, Huawei Technologies…

W

WINNER

« Je peux vous dire que je suis obsédé par la victoire. Gagner, gagner, gagner ! Pour que, lorsque j'aurai mis un terme à ma carrière, je puisse être fier de ces récompenses. Et éprouver le sentiment d'avoir été au bout de ma passion et de moi-même. »
Messi, lors de la remise de son troisième Ballon d'or, en 2011.

X

XAVI

Xavier Hernández i Creus, dit « Xavi ». Son ami et équipier au Barça jusqu'en 2015. Xavi a fait marquer beaucoup de buts à Leo avec les Blaugranas !

YOKOHAMA

18 décembre 2011. Finale de la Coupe du monde des clubs, à Yokohama (Japon). Le Barça bat le Santos FC 4-0. Leo marque 2 buts et est sacré meilleur joueur du tournoi !

ZUT !

En demi-finales de la Ligue des champions 2012, Leo manque un penalty, et le Barça est éliminé par Chelsea. Lionel en a raté d'autres, et cet exercice constitue un des rares points faibles de *La Pulga*... Mais, avec près de 80 % de penaltys convertis, Messi affiche quand même un taux de réussite élevé !

SERVIETTE

Le 14 décembre 2000, au restaurant du Reial Societat de Tennis Pompeia, un club de tennis de Barcelone, c'est sur une serviette en papier que le contrat liant Messi et le Barça a été signé !

TATOUAGES

Lionel en a plusieurs ! Le visage de sa mère Celia dans le dos. Les mains et le prénom de son fils Thiago sur son mollet gauche. Son célèbre numéro 10 est tatoué sur son tibia gauche. Son avant-bras droit est constellé de rosaces et de fleurs colorées. Enfin, comme Lionel croit en Dieu, il arbore sur le bras droit le visage de Jésus-Christ.

UNICEF

Depuis 2010, Lionel participe à des actions caritatives en faveur de l'Unicef. C'est une organisation internationale qui s'occupe de l'éducation des enfants pauvres dans le monde entier.

P

PULGA

La Pulga (« la puce », en espagnol) est l'un des surnoms de Messi, en référence à sa taille et à la vivacité de ses dribbles. On l'appelle aussi parfois *« La Pulga atomica »* (« la puce atomique »)…

Q

QATAR AIRWAYS

Cette compagnie aérienne est le sponsor maillot du FC Barcelone depuis 2013. Dans un spot de pub très drôle, Lionel apparaît en kimono de karatéka dans un Japon très imaginaire…

R

ROSARIO

Lionel est né à Rosario, en Argentine. De grands footballeurs argentins viennent de cette ville : Ángel Di María, Mauro Icardi, Ezequiel Lavezzi, Javier Mascherano, Ezequiel Garay ; ainsi que le célèbre entraîneur Marcelo Bielsa !

GOLAZO

En espagnol, le mot *golazo* désigne un but sensationnel, extraordinaire. C'est aussi parce qu'il a marqué des tonnes de *golazos* que Messi est considéré comme le meilleur joueur du monde…

HAT-TRICK

Ou « coup du chapeau », c'est-à-dire 3 buts marqués par le même joueur au cours d'un seul match. Jusqu'ici, Messi a réussi 44 *hat-tricks* dans sa carrière !

INMESSIONANTE

C'est un mot inventé en Espagne à la gloire de Lionel, et qui figure dans les dictionnaires espagnols : « Qualificatif se référant à Lionel Messi, à sa façon parfaite de jouer au football, à sa capacité illimitée à se dépasser. » Marquez vous aussi des *golazos*, et vous deviendrez *inmessionante* !

D

DEL HORNO

Lionel Messi s'est révélé à l'Europe entière le 22 février 2006, lors du match de Ligue des champions Chelsea-Barcelone. À la 37e minute, Asier Del Horno cisaille un Messi intenable et est expulsé ! À onze contre dix, le Barça l'emporte 2-1 à Stamford Bridge.

E

ESPAGNE

Lionel possède deux nationalités, l'argentine et l'espagnole. En 2003, la Fédération espagnole a tenté de l'enrôler en sélection de jeunes. Le prodige de 16 ans a préféré opter pour l'équipe d'Argentine, mais Leo aurait pu jouer pour la Roja avec ses potes Xavi, Iniesta, Piqué et Fàbregas !

F

FESSES

Ridiculisé par un dribble diabolique de Messi, l'immense Jérôme Boateng s'écroule et tombe sur son derrière ! Sur cette action, Leo marque et le Barça bat le Bayern 3-0 en demi-finales de la Ligue des champions 2015…

FCB
adidas

9

10

GOOOOAL !

7

MESSI S'EST OUVERT LA VOIE DU BUT. Il pénètre dans la surface pour un duel avec Luis García Conde, le gardien de Getafe.

8

MESSI DRIBBLE LE GARDIEN AVEC SANG-FROID, d'un crochet du pied gauche qui va le désaxer vers la droite. Ses jambes, courtes et puissantes, lui autorisent des accélérations brèves, sa conduite de balle lui permet garder le contrôle du ballon en dribblant, même à haute vitesse…

9

MESSI DOIT REDRESSER LA COURSE DU BALLON et frapper au but de son mauvais pied, le droit. Grâce à son sens du but, il trouve la cible sans relever la tête.

10

AU MOMENT DE FRAPPER, Messi voit que le défenseur adverse David Cortés s'est rué vers la ligne de but pour empêcher le ballon de rentrer… Alors, Lionel lobe Cortés d'un petit piqué, et la balle finit au fond des filets.

5

6

1

XAVI PASSE LE BALLON À MESSI. LEO EST CÔTÉ DROIT, DANS SON CAMP.
Prise de balle du droit. Position arrêtée. En 2007, Messi est passé de l'aile gauche à l'aile droite : cela lui permet de « rentrer » vers le centre du terrain et de tirer plus facilement avec son pied gauche.

2

MESSI ÉLIMINE LE LATÉRAL GAUCHE JAVIER PAREDES
d'un « extér » du gauche, puis l'ailier gauche Nacho Pérez d'un petit pont. Explosivité naturelle et génie du dribble : Lionel est passé !

3

MESSI S'ÉLANCE VERS L'AXE DU TERRAIN
lors d'une accélération foudroyante. Le jeu est ouvert face à lui. Sa conduite de balle, tout de l'« extér » gauche, est unique !

« QUAND J'ÉTAIS GAMIN, JE JOUAIS SUR DES TERRAINS VAGUES POURRIS, DANS LA RUE, DANS MA MAISON. MA CONDUITE DE BALLE S'EST ADAPTÉE À CES CONDITIONS DE JEU. AVEC L'EXTÉRIEUR DU PIED GAUCHE, FORCÉMENT, CAR C'EST PLUS FACILE POUR TENIR LE BALLON. »

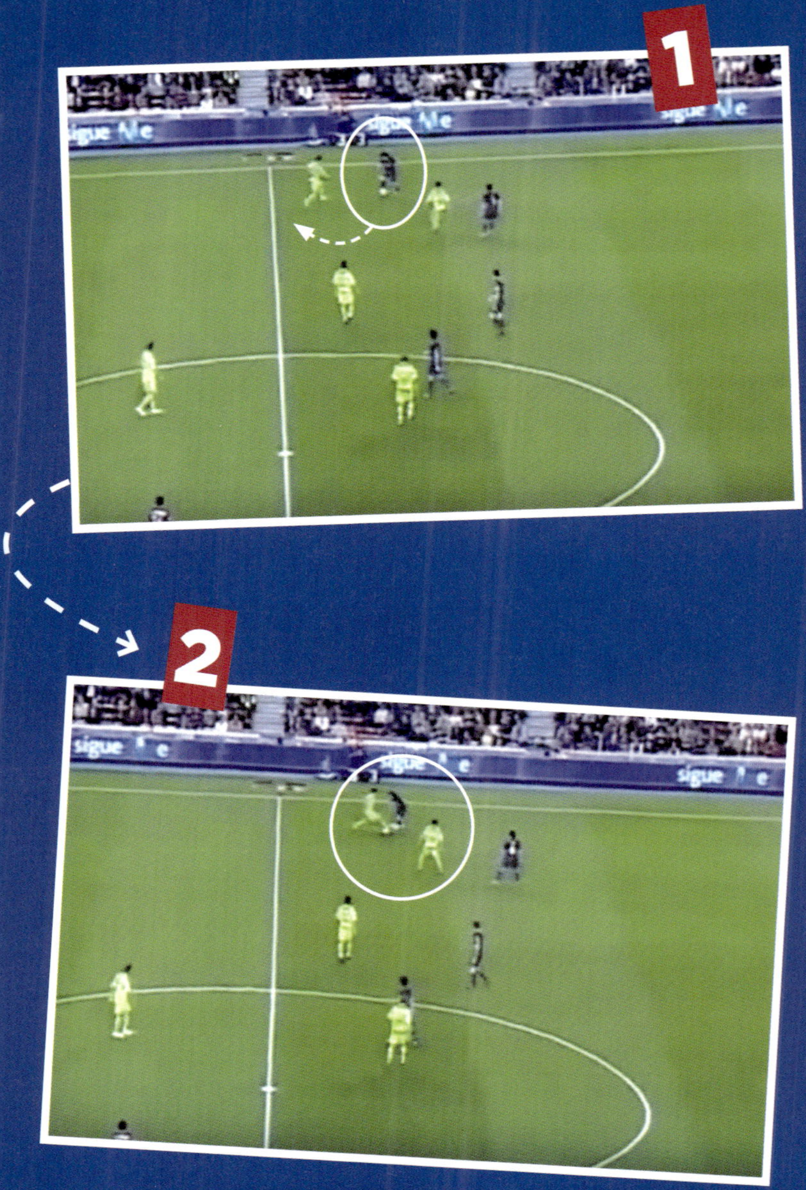
1
2

17-3-22

17 ans, 3 mois et 22 jours : c'est l'âge de Leo lors de son premier match dans le Championnat d'Espagne, le 16 octobre 2004. Il est le deuxième plus jeune joueur de l'histoire du Barça en compétition officielle !

869 JOURS

Thiago Messi est né le 2 novembre 2012, 869 jours après Cristiano Junior, le fils de CR7… C'est précisément le même écart qui sépare les naissances de leurs pères !

4

Le 7 janvier 2013, Leo est récompensé du Ballon d'or 2012. Il devient le premier joueur de l'histoire à recevoir cette récompense quatre fois d'affilée (2009, 2010, 2011, 2012). Il dépasse un autre n° 10 de légende, le Français Michel Platini, Ballon d'or en 1983, 1984 et 1985.

MESSI
en mode CHIFFRES

LE P'TIT BONHOMME DE 1,69 M S'EST HISSÉ AUX SOMMETS EN PULVÉRISANT LES STATISTIQUES, LES RECORDS, LES GAINS FINANCIERS ET... SES ADVERSAIRES ! RETOUR SUR DES CHIFFRES VERTIGINEUX...

5/7

Le 7 mars 2012, en match retour des huitièmes de finale de la Ligue des champions, Barcelone écrase le Bayer Leverkusen (7-1) au Camp Nou. Leo Messi réussit le premier quintuplé de sa carrière et devient le premier joueur à réaliser une telle performance en Ligue des champions !

10/10

Le 6 avril 2010, en match retour des quarts de finale de la Ligue des champions, Messi inscrit un quadruplé contre Arsenal (4-1) et qualifie le Barça pour les demi-finales. À cette occasion, le journal *L'Équipe* lui décerne la note de 10 sur 10. Rarissime !

7

Auteur de sept triplés en Ligue des champions, Leo détient le record de *hat-tricks* dans cette compétition, à égalité avec... Cristiano Ronaldo.

200 000 €

16 SEPTEMBRE 2005:
le jeune surdoué attise les convoitises des meilleurs clubs européens! Alors, seulement trois mois après son premier contrat, Lionel obtient une augmentation pour la période 2005-2010. Son salaire est doublé et passe à 2,4 millions € par an, soit 200 000 € par mois.

400 000 €

EN MARS 2007,
le Barça offre une nouvelle augmentation de salaire à Leo, auteur d'un triplé contre le Real Madrid. Son salaire annuel est encore doublé: 4,8 millions € par an, soit 400 000 € par mois!

650 000 €

EN JUILLET 2008,
après le départ de Ronaldinho, Lionel devient la vedette incontestée du Barça. Son salaire annuel passe à 7,8 millions € par an, soit 650 000 € par mois. À 21 ans, il devient le joueur le mieux payé du club!

1 000 000 €

18 SEPTEMBRE 2009:
Messi signe une prolongation de sept ans (de 2009 à 2016), avec un salaire annuel de 12 millions € par an, soit 1 000 000 € par mois. Il redevient le joueur le mieux payé au monde!

1 080 000 €

7 FÉVRIER 2013 :
une nouvelle prolongation étend encore le contrat de Messi avec le Barça, jusqu'en juin 2018. Son salaire annuel passe à 13 millions € par an, soit un peu plus de 1 080 000 € par mois.

1 650 000 €

19 MAI 2014 :
Messi signe un nouveau et très lucratif accord salarial, avec un montant record en sport de 20 millions € par an, soit un peu plus de 1 650 000 € par mois (après impôts). Ce qui correspond, pour le Barça, à une somme totale annuelle de 36 millions € (taxes comprises) !

2 900 000 €

25 NOVEMBRE 2017 :
Messi signe une prolongation de contrat qui le lie avec le Barça jusqu'en 2021, avec une clause de départ fixée à 700 millions € ! Dans le même temps, son salaire doit atteindre au moins 35 millions € nets par an, soit un peu plus de 2 900 000 € par mois !

12 MINUTES

C'est le temps qu'il lui a fallu, le 8 mars 2015, pour inscrire contre Rayo Vallecano le *hat-trick* le plus rapide de sa carrière !

18-357

Le 16 juin 2006, à 18 ans et 357 jours, Messi est devenu le plus jeune buteur argentin en Coupe du monde.

100

Le 18 octobre 2017, en marquant un but lors de la victoire du Barça contre l'Olympiakos (3-1), Leo est devenu le deuxième joueur (après Cristiano Ronaldo) à atteindre la barre des 100 buts marqués en Ligue des champions.

4000 $

EN DÉCEMBRE 2000,
quand la famille Messi arrive à Barcelone, le Barça lui propose un premier contrat : une maison et 4 000,00 $ par mois.

6 000 €

EN MARS 2001,
après plusieurs mois de négociations, Messi devient un joueur du Barça avec un salaire de 1500 € par semaine (soit 6 000,00 €/mois).

40 000 €

LE SALAIRE DE LIONEL PASSE À 10 000 € PAR SEMAINE
(40 000 €/mois) à partir du moment où il joue avec l'équipe première du Barça. C'est chose faite le 16 novembre 2003, lors d'un match amical contre Porto, où il entre en jeu à la 75e minute.

100 000 €

LE 24 JUIN 2005,
à son dix-huitième anniversaire, Messi signe son premier contrat en tant que joueur pro de l'équipe première du Barça. Son salaire grimpe à 1,2 million € par an, soit 100 000 € par mois !

1

Le 17 août 2005, Lionel entre en jeu contre la Hongrie. À 18 ans, c'est sa première sélection avec l'Argentine A. Après seulement 47 secondes de jeu, il est expulsé pour un geste d'humeur envers un joueur adverse. C'est le seul carton rouge récolté par Messi dans sa carrière !

29

CENTIMÈTRES

C'est la différence de taille entre Lionel Messi (1,69 m) et son ami Kobe Bryant (1,98 m), l'ancienne star de la NBA.

1,50

S'il n'avait pas entamé un traitement à base d'hormones de croissance à l'âge de 10 ans, Lionel Messi mesurerait aujourd'hui 1,50 m !

QUI ES-TU, LÉO MESSI

GÉNIALISSIME SUR UN TERRAIN
DE FOOT MAIS PEU BAVARD
SUR SA VIE PRIVÉE,
LIONEL MESSI FASCINE POURTANT
LA PLANÈTE FOOT, ET AU-DELÀ.
MODÈLE D'ÉQUILIBRE,
IL NAVIGUE SANS EXCÈS ENTRE
EXPLOITS HYPERMÉDIATISÉS
ET EXISTENCE FAMILIALE
PAISIBLE...

LE « PIED EN OR » DE LIONEL MESSI A ÉTÉ VENDU AU PROFIT DE SA FONDATION.

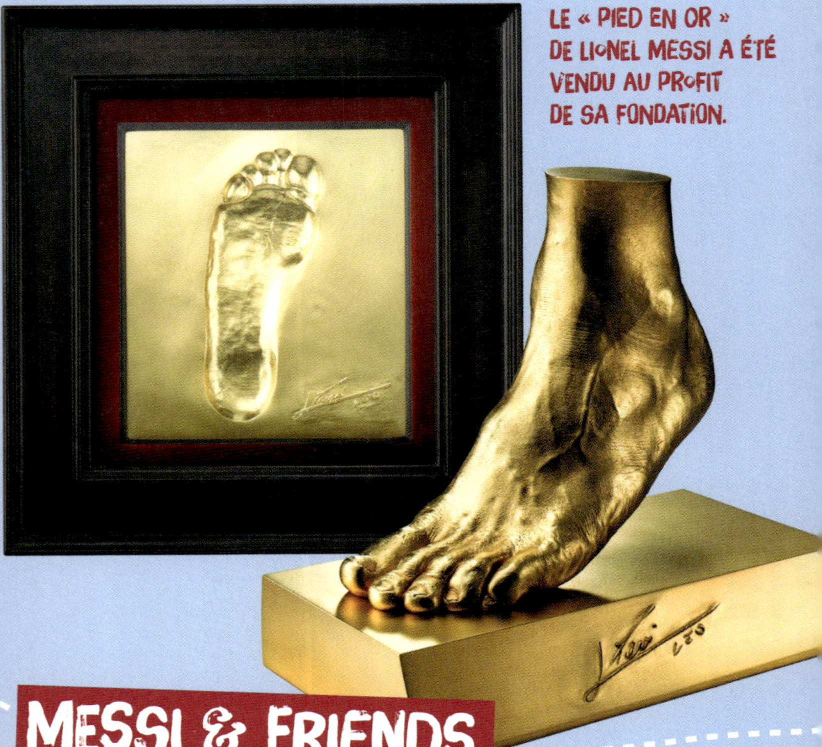

MESSI & FRIENDS

Lionel organise souvent des matchs de charité au profit de la Fondation Messi, qui vient en aide aux enfants défavorisés.
En juillet 2013, en Colombie, les « amis de Messi » ont ainsi battu 8-5 une sélection du « reste du monde », avec Neymar...
En plus de son action en faveur de l'Unicef, Lionel se montre souvent très généreux. Une partie de ses bénéfices sont affectés à des actions caritatives de sa Fondation. En 2016, Lionel a offert 700 000,00 € à un hôpital pour enfants de Rosario.

Le 27 juin 2016, Lionel a décidé d'arrêter de jouer pour la sélection argentine après sa finale perdue à la Copa América.
Pour le faire revenir, ses fans argentins ont lancé le mouvement *No te vayas Lio* (« Ne t'en va pas, Leo »). Le maire de Buenos Aires a même inauguré une statue de Messi pour le faire revenir sur sa décision. La statue en bronze a-t-elle fait changer d'avis la star du Barça ? Toujours est-il que Lionel a décidé de revenir en sélection en août 2016 !

NE T'EN VA PAS !

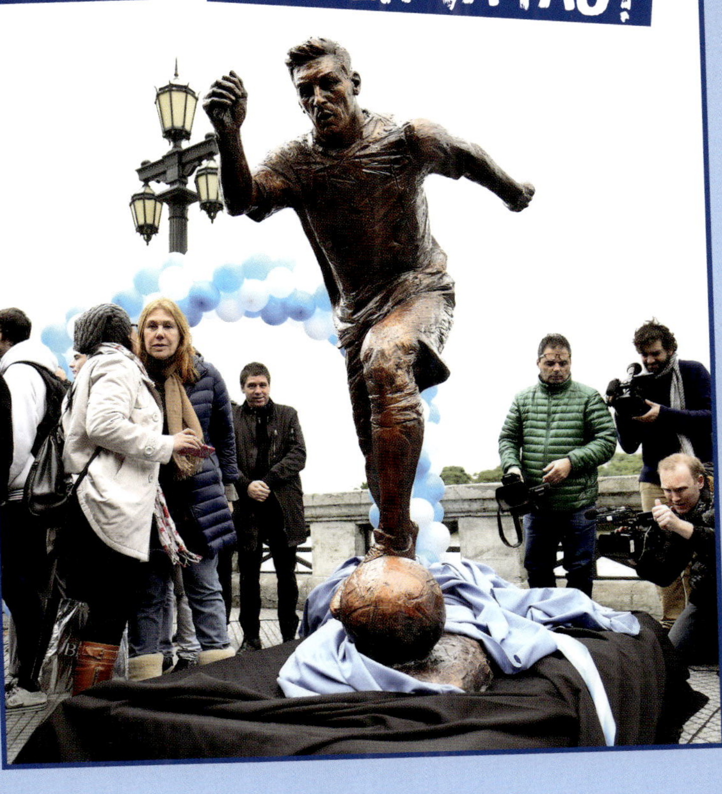

NUMÉRO 10

En Argentine, porter le numéro 10 en sélection, c'est sacré !

Car ce numéro, qui symbolise à la fois un meneur de jeu, un leader d'attaque et un buteur, a été porté depuis 1978 par de grands joueurs argentins, comme Kempes, Bochini, Maradona, Gallardo, Aimar, Ortega ou Riquelme. Dès l'âge de 7 ans, Lionel jouait avec le 10 aux Newell's Old Boys ! Avec l'Albiceleste (surnom de l'équipe d'Argentine), il a décroché l'honneur de porter ce numéro le 28 mars 2009, après le retrait international de Riquelme. Il avait alors 21 ans.

LES DEUX « M »

Messi et Maradona, deux numéros 10 de génie, sont les deux plus grands joueurs de l'histoire du foot argentin !

Parmi tous leurs chefs-d'œuvre, deux buts incroyables : contre Getafe, en 2007, Leo inscrit un but qui rappelle celui de Diego en quarts de finale de la Coupe du monde 1986, contre l'Angleterre. Il parcourt la même distance, 62 mètres, élimine le même nombre de joueurs (six, en incluant le gardien) et marque dans une position similaire à celle de Maradona vingt et un ans auparavant. À l'époque, Messi n'était pas encore né…

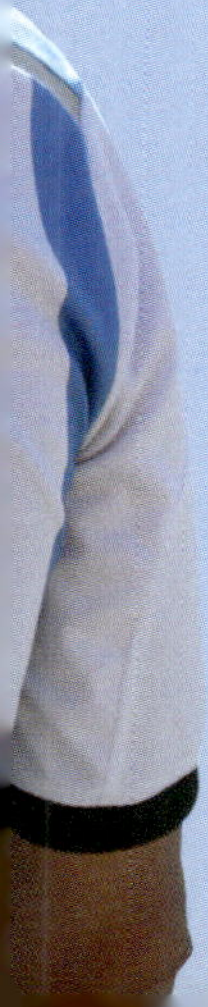

« J'AI VU LE JOUEUR QUI VA ME SUCCÉDER AU SOMMET DU FOOTBALL ARGENTIN. SON NOM EST LIONEL MESSI. »

Diego Maradona, 2006.

DANS LA PEAU DE JÉSUS

Ce montage a été réalisé par des fans argentins lors du Mondial 2014. En emmenant l'équipe d'Argentine jusqu'en finale, le capitaine Leo a bien failli devenir le Messie.

JÉSUS DANS LA PEAU

Messi croit-il en Dieu ? En tout cas, il fait le signe de croix à chaque but marqué, et il porte un tatouage du Christ sur le bras droit. Et, comme beaucoup de ses équipiers argentins, Leo fréquente souvent la petite chapelle du camp d'entraînement de l'Albiceleste, à Buenos Aires. Alors…

Pour son numéro du 6 février 2012, le prestigieux magazine américain *Time* fait sa une avec un portrait de Messi : *King Leo* (« le roi Leo »). C'est la première fois qu'un joueur de foot apparaît seul sur la couverture de ce magazine ! D'après le *Time*, Messi est « le plus grand joueur du monde », et peut-être « le meilleur de tous les temps ». La grande classe !

ICÔNE ABSOLUE

***Messi*, un film documentaire retraçant l'incroyable destin de Leo, est sorti en 2014.** Trois ans plus tard, un long-métrage, également intitulé *Messi*, raconte l'histoire de deux frères, dont le plus jeune joue au foot. Quel rapport avec Leo ? Le gamin porte le maillot de Messi, et c'est un surdoué du ballon rond !

SUR LES TRACES DE PAPA ?

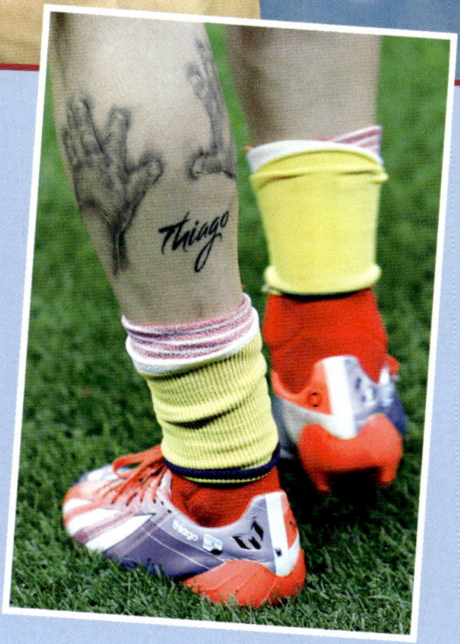

Le 2 novembre 2012, Antonella et Leo ont donné naissance à leur premier fils, Thiago. Un tatouage sur le mollet gauche de Lionel lui est d'ailleurs dédié. Le 11 septembre 2015, le couple a eu un deuxième fils, Mateo.

LA FAMILLE AVANT TOUT

Messi, c'est d'abord l'histoire d'une famille qui respire le ballon rond !
Antonio, le grand-père de Lionel, est très impliqué dans un petit club local de Rosario. La grand-mère, Celia, aujourd'hui décédée, a encouragé le petit Leo dans sa passion. Ses deux frères aînés, Matias et Rodrigo, lui ont transmis le virus du foot. Le père, Jorge, autrefois entraîneur des jeunes du FC Grandoli, à Rosario, est devenu son agent… Sa femme, Antonella Roccuzzo, est la cousine d'un de ses amis, Lucas Scaglia, devenu joueur pro en Argentine. Leo a également trois cousins, dont deux sont eux aussi des joueurs professionnels !

ANTONELLA ET LEO SE SONT DIT « OUI » LE 30 JUIN 2017.

QATAR
AIRWAYS

Les Meilleurs Ennemis

DIX ANS D'UNE RIVALITÉ HORS DU COMMUN NOUS FONT COMPRENDRE QU'AVEC LIONEL ET CRISTIANO, NOUS VIVONS UNE ÉPOQUE BÉNIE. L'ÉMULATION RÉCIPROQUE QU'ENGENDRENT LES DEUX CRACKS, CR7 & MESSI 10, NOUS PROMET ENCORE DE BEAUX EXPLOITS. ALORS, ON EN REDEMANDE !

33

C'EST LE NOMBRE DE DUELS ENTRE LEO MESSI ET CRISTIANO RONALDO.

Les **trois premiers** remontent à des matchs entre le Barça et Manchester United en Ligue des champions, à l'époque où CR7 jouait en Angleterre : aller-retour en demi-finales en 2008 (0-0 et 1-0 pour Manchester) et finale en 2009 : (2-0 pour le Barça). Depuis que Ronaldo est arrivé en Liga, en 2009, Messi et CR7 ont disputé l'un contre l'autre **28 Clásicos** (toutes compétitions confondues). Ils ont aussi disputé **deux matchs amicaux** Portugal-Argentine : un nul en 2011 (1-1) et une victoire pour CR7 en 2014 (2-1).

16 victoires de Messi

9 victoires de Ronaldo

8 matchs nuls

17 buts de Ronaldo

20 buts de Messi

« Messi est un bien meilleur joueur d'équipe que Cristiano Ronaldo. Lionel marque des buts, mais il est aussi un excellent passeur décisif. Donc, pour moi, Messi est le meilleur, car il est plus complet. Il y a une différence entre être juste un grand buteur, comme Ronaldo, et être le meilleur joueur, comme Messi. »

Johan Cruyff, 2015.

« Je pense que nous ne pouvons pas comparer les choses. Cristiano est Cristiano, et Messi est Messi. Nous sommes tous deux de grands joueurs. Les titres individuels et collectifs parlent pour nous. Je n'aime pas comparer, ce mot n'existe pas pour moi. Nous sommes différents, nous sommes deux personnes qui font leur travail. C'est tout. »

Cristiano Ronaldo, 2017.

« CRISTIANO EST UN JOUEUR EXTRAORDINAIRE, ET ÇA SERAIT SUPER D'ÊTRE ENSEMBLE DANS LA MÊME ÉQUIPE. »

MESSI

« C'EST UN GRAND JOUEUR, JE LE RESPECTE BEAUCOUP. LE PIED GAUCHE DE MESSI EST TRÈS BON. J'AIMERAIS AVOIR LE MÊME. »

RONALDO

LFP
10

« JE NE CROIS PAS QUE LEUR RIVALITÉ LES TRACASSE TANT QUE ÇA. JE PENSE JUSTE QU'ILS SONT ANIMÉS DE CETTE MÊME FIERTÉ EN TERMES D'EXIGENCE QUI LES POUSSE À VOULOIR ÊTRE LE MEILLEUR. »

SIR ALEX FERGUSON

2008-2017

10 ANS DE LUTTE POUR LE BALLON D'OR

Cristiano Ronaldo

2008 2013 2014 2016 2017

Lionel Messi

2009 2010 2011 2012 2015

adidas
7
MESSI
10
RONALDO
7
MESSI

MESSI

LIONEL ANDRÉS MESSI CUCCITIN

Né le 24 juin 1987
Taille : 1,69 m
Numéro : 10
Pied fort : gauche

Né le 5 février 1985
Taille : 1,85 m
Numéro : 7
Pied fort : droit

CRISTIANO RONALDO DOS SANTOS AVEIRO

RONALDO

1 QUIZ

Dans quelle ville d'Argentine Lionel est-il né ?

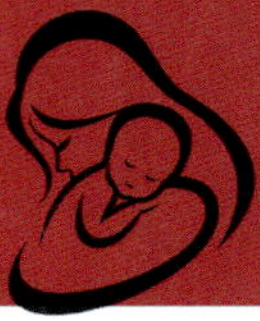

1 • Buenos Aires
2 • Córdoba
3 • Rosario

2 QUIZ

Quel club argentin est le club de cœur de Leo ?

1 • Boca Juniors
2 • Newell's Old Boys
3 • Rosario Central

3 VRAI OU FAUX ?

À 17 ans, en 2004, dès son premier match dans le championnat espagnol, Lionel marque un but.

4 INTRUS

Quel numéro Leo n'a-t-il jamais porté au cours de sa carrière pro ?

• Le numéro 7
• Le numéro 10
• Le numéro 15
• Le numéro 19
• Le numéro 30

RÉPONSES

1 • Réponse 3 : Rosario.
2 • Réponse 2 : Newell's Old Boys.
3 • Faux. Le 16 octobre 2004, contre l'Espanyol Barcelone, il entre à la 82e minute mais ne marque pas.
4 • Le numéro 7.

QUIZ MESSI

VOUS CONNAISSEZ BIEN
VOTRE LEO, MAIS LE CONNAISSEZ-VOUS
SUR LE BOUT DES DOIGTS ? OUI ?
C'EST CE QUE L'ON VA VOIR...
FAITES LE TEST AVEC LES QUESTIONS
QUI SUIVENT (LES SOLUTIONS FIGURENT
EN BAS DE CHAQUE PAGE).
C'EST PARTI !

12 QUIZ

En décembre 2000, quel est le premier contrat proposé par le Barça à la famille Messi, qui vient d'arriver à Barcelone.

1 • Une maison et 2000 $ par mois

2 • Une maison et 4000 $ par mois

3 • Une maison et 8000 $ par mois

13 INTRUS

Lequel de ces trophées Leo n'a-t-il jamais gagné avec le Barça ?

- La Ligue des champions
- Le Championnat d'Espagne
- La Coupe d'Espagne
- La Ligue Europa
- La Coupe du monde des clubs

14 VRAI OU FAUX ?

Lionel Messi n'a jamais reçu de carton rouge.

15 QUIZ

Comment était surnommé le fameux trio d'attaque du FC Barcelone entre 2014 et 2017 ?

1 • BBC

2 • MSN

3 • RMC

12 • Réponse 2.

13 • La Ligue Europa.

14 • Faux. Le 17 août 2005, Lionel récolte le seul carton rouge de sa carrière lors de sa première sélection avec l'Argentine, contre la Hongrie.

15 • Réponse 2 : MSN (Messi, Suárez, Neymar).

16 QUIZ

En finale de la Ligue des champions 2009, contre Manchester United, Leo marque le but du 2-0, synonyme de victoire du Barça. Mais de quelle manière ?

1 • Du pied droit
2 • Du pied gauche
3 • De la tête

17 VRAI OU FAUX ?

Lionel Messi est le seul joueur à avoir remporté le Ballon d'or quatre fois d'affilée.

18 INTRUS

Parmi ces clubs, lequel n'a jamais affronté le Barça en finale de la Ligue des champions ?

- Sampdoria Gênes
- Arsenal
- Ajax Amsterdam

19 QUIZ

Quel est selon Leo son plus beau succès dans sa carrière de footballeur ?

1 • Son titre aux Jeux olympiques, en 2008
2 • Son cinquième Ballon d'or, en 2015
3 • Sa quatrième victoire en Ligue des champions, en 2015

16 • Réponse 3 : de la tête.

17 • Vrai. Il l'a gagné tous les ans entre 2009 et 2012 !

18 • Ajax Amsterdam. Le Barça a gagné contre la Sampdoria Gênes en 1992 et contre Arsenal en 2006.

19 • Réponse 1 : « Le titre que j'ai le plus apprécié a été les Jeux olympiques 2008, parce que c'est un tournoi qui se joue une fois dans une vie et dans lequel il y a de nombreux sportifs de différentes disciplines. »

29 INTRUS

En Ligue des champions, laquelle de ces équipes n'a jamais encaissé un but de Lionel Messi ?

- Chelsea
- Paris Saint-Germain
- Juventus Turin
- Bayern Munich
- AS Rome
- Liverpool
- Real Madrid
- Olympique Lyonnais
- Milan AC
- Manchester United

30 VRAI OU FAUX

S'il n'avait pas entamé un traitement hormonal à l'âge de 10 ans, Leo Messi aurait mesuré 1,50 m et non 1,69 m, comme aujourd'hui.

31 QUIZ

Quelle distance Leo a-t-il parcouru au cours de l'action du « but du XXIe siècle » ? Un indice : la même que Maradona lors du « but du XXe siècle ».

1 • 42 mètres
2 • 52 mètres
3 • 62 mètres

29 • Liverpool.
30 • Vrai.
31 • Réponse 3 : 62 mètres.

32 QUIZ

« J'ai vu le joueur qui va me succéder au sommet du football argentin, et son nom est Lionel Messi. » De qui est cette phrase ?

1 • Diego Maradona
2 • Juan Román Riquelme
3 • Pablo Aimar

33 QUIZ

Que représente le tatouage sur le mollet gauche de Leo ?

1 • Les deux mains de son fils Thiago
2 • Le visage de sa grand-mère Celia
3 • Son mariage avec Antonella Roccuzzo

34 VRAI OU FAUX

Lionel Messi fut le premier joueur à atteindre les 100 buts en Ligue des champions.

35 INTRUS

Laquelle de ces déclarations n'a pas été faite par Pep Guardiola, entraîneur de Lionel Messi au Barça entre 2008 et 2012 ?

- « N'écrivez rien sur lui, n'essayez pas de le décrire ou de l'analyser. Regardez-le jouer... »
- « Je suis désolé pour tous ceux qui veulent se disputer le trône de Messi. C'est impossible : Lionel est unique. »
- « Messi est un extraterrestre qui consent à jouer au foot avec nous, simples humains. »

32 • Réponse 1 : Diego Maradona.
33 • Réponse 1 : les deux mains de son fils Thiago.
34 • Faux. Il a été devancé par Cristiano Ronaldo.
35 • La troisième. Elle est signée Gianluigi Buffon, le mythique gardien de la Juventus Turin et de l'équipe d'Italie.

24 QUIZ

Le 11 octobre 2017, contre quel pays Leo a-t-il inscrit un triplé pour qualifier l'Argentine au Mondial 2018 ?

1 • Chili
2 • Équateur
3 • Pérou

25 QUIZ

Contre quel club Messi a-t-il réalisé son premier quintuplé ?

1 • Chakhtar Donetsk
2 • Bayer Leverkusen
3 • Olympiakos

26 VRAI OU FAUX ?

Messi a déjà affronté Zinédine Zidane lors d'un Clásico Real-Barça.

27 VRAI OU FAUX ?

Le joueur de foot préféré de Lionel Messi est l'ancien n° 10 argentin Pablo Aimar.

28 INTRUS

À laquelle de ces finales de la Ligue des champions Lionel Messi n'a-t-il pas participé ?

- Ligue des champions 2006
- Ligue des champions 2009
- Ligue des champions 2011
- Ligue des champions 2015

RÉPONSES

24 • Réponse 2 : Équateur.
25 • Réponse 2 : Bayer Leverkusen.
26 • Vrai. C'était le 19 novembre 2005 à Madrid : victoire du Barça, 3-0 !
27 • Vrai.
28 • La Ligue des champions 2006 : Leo n'était pas encore tout à fait remis d'une blessure.

20 QUIZ

Avec l'Argentine, Lionel Messi n'a joué qu'un seul match contre l'équipe de France. Mais combien de buts a-t-il inscrit ?

1 • Un but
2 • Deux buts
3 • Quatre buts

21 VRAI OU FAUX ?

Messi n'a jamais affronté Cristiano Ronaldo lors d'un match entre l'Argentine et le Portugal.

22 VRAI OU FAUX ?

Le 27 juin 2016, Lionel a décidé d'arrêter de jouer pour la sélection argentine après sa finale perdue à la Copa América.

23 QUIZ

À quel âge Leo est-il devenu le plus jeune capitaine de l'histoire de la sélection argentine ?

1 • 21 ans
2 • 22 ans
3 • 23 ans

20 • Réponse 1: un but, en 2009, à Marseille (victoire de l'Argentine 2-0).

21 • Faux. Messi a disputé avec l'Argentine deux matchs amicaux contre le Portugal de Ronaldo: un nul (1-1, en 2011) et une défaite (1-2, en 2014).

22 • Vrai. Mais, en août 2016, il est revenu sur sa décision!

23 • Réponse 2 : 22 ans! C'était le 22 juin 2010, en Coupe du monde, contre la Grèce. Deux jours plus tard, Leo allait fêter ses 23 ans...

8 VRAI OU FAUX ?

Leo Messi a été le premier Argentin à remporter le Ballon d'or.

9 QUIZ

« Messi n'a pas besoin de son pied droit. Il ne se sert que de son pied gauche, et il est quand même le meilleur au monde. Imaginez s'il avait eu aussi un bon pied droit : on aurait eu encore de plus gros problèmes à le maîtriser ! » Quel joueur a prononcé cette phrase ?

1 • Sergio Ramos, défenseur du Real Madrid

2 • Marco Verratti, milieu de terrain du PSG

3 • Zlatan Ibrahimović, attaquant de Manchester United

10 INTRUS

Lequel de ces joueurs n'a jamais évolué avec Lionel Messi au FC Barcelone ou en sélection d'Argentine ?

- Andrés Iniesta
- Thiago Silva
- Xavi
- Paulo Dybala
- Ángel Di María
- Javier Pastore
- Gerard Piqué
- Gonzalo Higuaín
- Sergio Agüero
- Zlatan Ibrahimović
- Pinto
- Javier Mascherano

11 VRAI OU FAUX ?

En termes de salaire pur, Lionel est le joueur de foot le mieux payé au monde.

8 • Vrai.

9 • Réponse 3 : Zlatan Ibrahimović.

10 • Thiago Silva. Il est Brésilien, et il n'a jamais joué au FC Barcelone.

11 • Vrai. En 2017, son salaire annuel hors primes a été porté à 35 millions €.

5 QUIZ

« Pour sa première séance d'entraînement avec nous, les pros du Barça, il avait 16 ans. Il prenait des coups, il se relevait sans se plaindre et repartait dribbler. Il nous a tous ridiculisés ! Il pouvait dribbler quatre joueurs d'affilée et marquer un but. C'était un extraterrestre. »

De qui est cette phrase ?

1 • Thiago Motta, équipier de Messi au FC Barcelone en 2004

2 • Ludovic Giuly, équipier de Messi au FC Barcelone en 2004

3 • Ronaldinho, équipier de Messi au FC Barcelone en 2004

6 VRAI OU FAUX ?

Le 1er décembre 2009, Lionel Messi remporte son premier Ballon d'or avec une avance record de 240 points sur son dauphin, Cristiano Ronaldo.

7 QUIZ

Le 18 avril 2007, en demi-finales de la Coupe d'Espagne, contre quel club Lionel Messi a-t-il marqué « le but du XXIe siècle » ?

1 • Getafe

2 • Valence

3 • Espanyol Barcelone

5 • Réponse 2 : Ludovic Giuly, ancien joueur du Barça et de l'équipe de France.

6 • Vrai.

7 • Réponse 1 : Getafe.

Crée par Olo.éditions
36, rue Laffitte 75009 Paris

Concept original : Olo.éditions
Direction : Philippe Marchand
Édition et mise en pages : Zarko Telebak
Conception graphique : Élise Godmuse, Thomas Hamel
Correction : Nadja Belhadj, Sophie Zeegers

Déplilivre est une marque de Olo.éditions
basée sur un brevet déposé par Zanardi CL

L'auteur :
Chérif Ghemmour est journaliste.
Auteur de plusieurs ouvrages sur le football,
il est l'un des membres fondateurs
du magazine *So Foot.*
Chroniqueur radio sur Europe 1 puis RTL,
il intervient régulièrement sur RMC et Rfi.

DANS LA MÊME COLLECTION

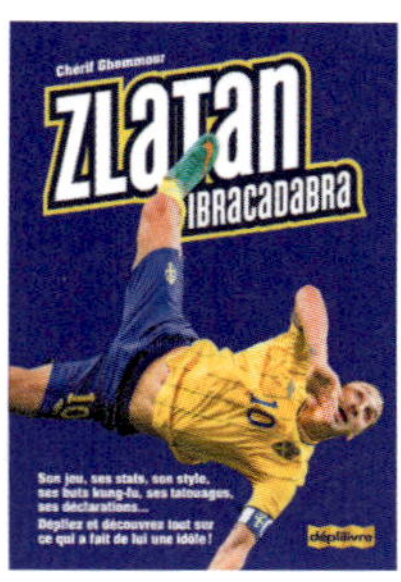